JN410565

부활절 아침

해 연 시집

해 연 시집
부활절 아침

지은이 해 연
펴낸이 최명자

펴낸곳 책펴냄열린시
주소 (48932) 부산광역시 중구 동광길 11, 203호
전화 051 464 8716
출판등록번호 제1999-000002호
출판등록일 1991년 2월 4일

인쇄일 2016년 5월 17일
발행일 2016년 5월 20일

값 8,000원

ISBN 978-89-87458-96-0 03810

• 본 도서는 2016년 한국문화예술위원회, 부산광역시, 부산문화재단 지역문화예술특성화지원사업으로 지원을 받았습니다.

국립중앙도서관 출판예정도서목록(CIP)

부활절 아침 : 해연 시집 / 지은이: 해연. -- 부산 : 책펴냄열린시, 2016
p. ; cm

ISBN 978-89-87458-96-0 03810 : ₩8000

한국 현대시[韓國 現代詩]

811.7-KDC6
895.715-DDC23 CIP2016009945

그대가 건네준 따뜻한 손으로
아름다운 하늘 보며
슬픔에 눈물 흘리고
때론 사랑에 겨워 한없이
웃을 수 있었다네

「홀로 보는 하늘」 중에서

해연시인은…

해 연 시인의 본명은 이해연입니다. 경남 김해에서 태어나 동아대학교 영어영문학과를 졸업하고, 남해 〈고현중학교〉, 〈부산외국어고등학교〉에서 교편을 잡기도 하였습니다.

2004년 시집 『닮고 싶은 웃음』을 상재하여 작품활동을 시작했고, 2006년 시집 『젖은 빛』, 2008년 시집 『햇살 방향』, 2012년 시집 『꽃으로 온 아가』가 있습니다.

〈참시〉동인, 〈부산시인협회〉, 〈부산문인협회〉, 〈부산여류문인협회〉, 〈해운대문인협회〉, 〈한국시낭송회〉회원으로 활동하고 있으며 제14회 대한민국문화예술 시 부문 대상을 받았습니다.

이메일 heayeon7@hanmail.net

자서

나를 통하여
고통받는 환자를 위한 시편을
빚어내라는 주님의 뜻이었다
아픔의 발자국을 따라가며
많은 눈물을 흘려야했다
신들린 듯 그 흔적을 따라가며
나도 모르게 빠져들었다
글을 쓰는 동안
아픔도 느낄수 없었다

생명이 피어나는
오월의 푸른하늘 아래
눈부신 아픔의 그림자
다섯 번째 시집 『부활절 아침』을
펼쳐 놓아본다

나의 아픔을 같이한 주님과
남편에게 이책을 바친다

이천십육년 오월의 푸른 아침
해　연

제 1 부 푸른 기도

제 2 부 *간구*

제 1 부

푸른 기도

남아 있는 어깨

다소곳이 차려진 밥상
정다웠던 남편이
병상에서 마지막 악수를 청하던
그날 이후
이십년의 시간
이마 위
주름으로 새겨져 있다
빈자리로 남아있는 가슴 한 켠
눈물로 지샌 많은 밤
어느덧 일흔의 얼굴로
남편의 기일을 기린다

하루 또 하루
그에게 가까워지는 날이
남아 있는 땅 위의 어깨위로
저녁노을 되어
붉게 머문다

홀로 보는 하늘

아무도 없네

마지막 하늘
예까지 오기가
왜 이리 멀고 힘들었는지
함께한 정다운 사람
나보다 더 귀한 아이들
남겨두고 가야 하네
그대가 건네준 따뜻한 손으로
아름다운 하늘 보며
슬픔에 눈물 흘리고
때론 사랑에 겨워 한없이
웃을 수 있었다네

그래
나 이제
그대 차가운 손 잡아야하네

사랑함으로
행복한 날들이었네
그려

담배

소리 내어
웃을 수도
울 수도 없다
성대를 잃어버린 남자
흐르는 눈물
손수건으로
소리를 닦는다
이십년 입에 문 즐거움
후두암이 되었다

배로 관을 연결해
살아야 하는
소리를 찾을 수 없는 목에서
뼈아픈 눈물이 흐른다

아름다운 걸음

유모차를 끌며
걸어가는 할머니

노구를 기대어 넘어지지 않기 위해
유모차를 끄는
새벽마다
수요저녁마다
일요일마다
걸음을 멈추지 않고
교회로 가는 할머니

아무리 힘들어도
하나님께 걸어가고 싶어하는
걸음이 아름다운
할머니

고마운 손

입을 벌려 말할 수도
맛 있는 고기를 씹을 수도
좋아하는 노래를 부를 수도
이쁘게 웃을 수도 없어
치과에 갔다

정성을 다해 부러진 윗니를
붙여 주는 손
작은 입 사이로 이렇게 저렇게
애쓰는 손

그 손으로 하여 웃을 수 있는
고마운 웃음을
얹어 주고 싶다

두 얼굴

아홉시 뉴스, 연쇄살인마 강호순
선한 얼굴로 이웃에게 호감을 주었던
그가 여러 명의 여자를 성폭행하고
알몸으로 그들을 파묻었다
말쑥한 외모와 옷차림으로 고급 승용차를 타고
여자를 차에 태워 범행을 하였다
거액의 보험료를 타기위해 아내와 장모를
화재로 숨지게한 지능적인 살인자
다음 화면은 평생을 의롭게 산
홀로 구도자의 길을 걸어온 김수환 추기경의 죽음이
유리관에 누워 있는 모습이다

죽어서도 아름답고 고귀한 얼굴과
수갑을 차고 얼굴을 가린 채 끌려가는
살인자의 얼굴
어쩌면 내 안의 두 얼굴인지 모른다

다시 봄이

비어있는 시간
채워주는 눈빛들이
애틋하게 피어나는 봄
하나씩
가슴으로
비를 맞으며
물기 흠뻑 머금은 채
허공을 적실
꽃을
꿈꾸어 본다

빛으로 남아
-김수환 추기경

고맙습니다

유리관 속에 누워
말한다
많이 사랑해 주셔서
홀로 성직자로 걸어온 외로운 날
죽음으로
사람들에게 아름다운 메아리가 되었다
고통스럽고 회한에 찬 죽음
그 앞에 고개를 숙였다

모든 걸 버리고
신의 사랑으로
사람들을 사랑한 날들
그를 빛으로
살아있게 하였다

바라보는

노랑나비
유채꽃 사이로 춤추는
햇살 환한 아침
등나무 아래
포도송이 닮은 연보라꽃
아련한 봄 그늘 아래
한 걸음 걸을 수 없는 그는
휠체어에 앉아
그네를 바라본다

의자에서 그네까지
몇 걸음이나 될까
한 걸음 노랑나비
두 걸음 유채꽃
세 걸음 햇살
네 걸음 포도송이 닮은
연보라빛 그늘

노랑나비에서
연보라빛 그늘까지
걸어온 무거운 의자는
어느덧 봄 하늘 날으는
가벼운 날개가 된다

한 걸음 내딛으며

이렇게 아플 줄이야
한 걸음 내 딛는 것이
이토록 고통스러울 줄이야
든든하게 몸 받쳐주며
당당하게 옮기던 걸음
뼈 속 깊은 곳 가시처럼
찌르는 아픔으로 다가왔다

새를 보며
떨어지는 꽃잎을 바라보며
푸른 길 걷던 깃털처럼
가벼운 사랑스런 걸음
아픈 관절이 되어
나를 바라본다

길 위에 여자

놀이터 등나무 의자에
길게 누워있다
햇살에 그을린 얼굴
잠에서 깨어난 얼굴은
너무나 편해 보였다

아무렇게나
지나는 사람의 시선 따윈
아랑곳하지 않는 얼굴

땅과 하늘의 중간에서
지나가는 바람에
흔들리는
그네를 닮았다

휴휴산방

마시고 싶은 햇살
깊은 산골
바람 아직 차지만
식탁 위에 사람들을 초대한
풀밭이 따스하다

먼 길 걸어온 은빛 머리카락
손잡아 주어야할 아이도
등 굽혀 애써야할 일도
옛 일이 되어버린 얼굴
웃음 가득하다

이따금 바람소리
빗소리 머금은 소나무 숲
동창사이로 스며드는
어스레한 빛에 눈 뜨는 한옥

쉬고 또 쉬며 산을 닮아가는 가슴
비어 있는 손을 향해
삼월 투명한 햇살
가슴을 내민다

문 두드리는 노인

쉴 새 없이
아파트 벨을 누른다
문 열어줘요 하며
거친 숨을 몰아쉰다
딸의 집이 1604호인데
1004호를 날마다 찾아오는 할아버지
그의 머리엔 10이란 숫자만
저장되어 있다
이미 기억의 끈을 놓아버린
할아버지

내일도 어김없이
10이란 숫자를 향하여
문을 두드릴 것이다

구름으로 변한 사랑

성묘하기 위해 걸어가는 길
무성한 풀 위 해가 뜨겁다

손 놓지 않고 키워온 손자
어른이 되어 할머니의 묘소 앞에
기도하는 동안
구름이 대신 그늘을 만들어
해를 가려주었다

기도가 끝나자 사라진 그늘
손자에 대한 애틋한 마음이
그늘을 만들어주는
살아도 죽어서도
사라지지 않는 사랑

뜨거운 햇살
고개 숙인다

어둠 속에서

묶여 있었다
들것에 실려가는
하얀 천으로 싸서
검은 줄로 묶여 있는것은
죽은 사람이었다

아무렇게나
버려진 사람인지
홀로 그렇게
어둠 짙은 밤
병원으로 실려온
그를 알지 못하는 나는

그의 걸어온 길이 궁금하다

나무를 닮고 싶다

비어있는 산 등성이
한그루 나무를 심는다
아직 어린 나무옆에 서서
나도 나무가 될수 있음을 생각해본다

심지 않으면
나무의 그늘을 바라볼수 없듯이
나도 흙속에 심겨져
잎과 열매 맺으며
불어오는 바람 속에
의연히 서서
어둠과 빛을 마주하며
사람들에게 그늘을 만들어주는
나무를 닮고 싶다

호수와 오카리나

봄 언덕위에 올라
겨울을 이별하는
바람의 소리
오카리나를 분다

눈부신 빛으로 오는 봄처녀
하얀 꽃신을 신고
호수 위를 걸어온다

차거움이 가시지 않은 소매자락에
봄 꿈을 안은채
은빛 물결 어루만지며
봄을 노래하는
나에게
걸어온다

오, 하늘이여

물이 온다

바다를 넘어
해일을 일으키며
덮치는 물의 위력에
어느덧
물속에 잠기어버린다

예기치 않았던
주검으로 변하여 가는
자신을 보며
그저
몸을 내어줄 뿐

아무 것도 할 수가 없다

푸른 기도

푸른 길 위에서
빈 가지를 생각합니다
빈 가지위에 푸르름이 채워져
그늘을 만들어 주시니
감사합니다
그늘과 그늘 사이로 걸어가며
당신의 푸른 손 잡아 봅니다
빈 가슴에 당신 사랑으로
푸른 옷 입혀주시니 감사합니다

하늘이 갈라지고
바다가 갈라지고
땅이 갈라지고
사람과 사람이 갈라지는 틈 사이
푸른 빛으로 채워 주소서
어둔 그늘에 있는 사람들의 눈물을 보시고
푸른 그늘로

다시 걸어갈 수 있게 하소서
당신 손으로 빚으신 피의 십자가
제 몸에 새겨져
푸른 빛으로 물들게 하소서
그리하여
갈라진 틈 사이로 걸어가게 하소서

세상을 아름답게
가장 푸르게
사람을 지으시고
한없이 기뻐하시던 당신에게
푸른 빛을 보며
기도 합니다
하루 하루
당신 모습 닮아가는
거룩한 길로 인도하여 주소서

꽃은 피는데

그토록 기다려온 꽃
아련한 얼굴로
봄 하늘 물들이려하는데
폐렴으로 병원에 누워
아픔을 이겨야하는 사람
기침으로 온 밤 지새워도
꽃은 어김없이
어둠 속 기다림을 견디며
아침 햇살 받으며
피어난다

알 수 없는

계속 뛰고 있었다
왜 왜 왜
신에게 묻고 있었다
친구의 동생이
갑자기 다가온 병으로
죽어버렸다

그렇게 건강하고
아이스크림과 책을 좋아하던
열여덟살 소녀
산소호흡기를 한 입술은
피가 번져 있었고
죽어가는 순간에도
생리가 있었던 아이

나는 심한 분노에
자꾸만 뛰고 있었다

춤추는 피

동아대
아들이 입원한 병실에서 나와
구덕산을 본다

호수를 거닐며
낭만을 즐기던 여대생
어머니 되어
산책하던 오솔길
걷는다

숲의 체취는
그대로인데
곁에 머물던 발자국
보이지 않는다

해질녘
벤취에 누워

슈바이쳐의 수상록
가슴에 안고
뜨거워하던 젊은 날

아직도
피가 춤추는
호수를 보며
걸음을 옮긴다

잰 누구니?

아무도 찾아주지 않는
쓸쓸한 무덤가
마을이 수채화처럼 펼쳐 있는 언덕
작은 여자아이가
한가로이 놀고있다
아빠를 따라나온 아이는 묻는다

"잰 누구니"

꽃으로 살다
춤추는 나비로 살다
기다림에 설레이던 사랑으로
웃기도하며
울기도 하던 사람들
흙이 되어
풀잎으로 지은 옷을 입은채
아이에게 묻는다

"아이야 난 누구일까"

짧게 사는 것이 좋아

오히려 잘됐어
너무 많은 것을 알아가느니
동생이 죽은 후
처음 건네준 말이었다
왜 그런말을 하는지

그렇게 말한 친구도
일 년 후
물 흐르는 강가에
목숨을 잎처럼
띄워 버렸다

그녀보다
많이 살아온 나는
어쩌면
그 의미를
알 것 같았다

양명산

언제부터
내 분노가 시작되었을까
언제쯤이면 노여움이
사리질 수 있을까
허리를 감싸는 안개처럼
네 무릎 앞에
한 없는 용서를 구하며
눈물 흘리면
잔잔한 가슴으로
하늘을 우러를수 있을까

배롱나무길

엄청난 비로
도로가 없어지고
사람이 사라지던 날 지나
꿈처럼 푸른 하늘이
바다와 산을 이어주는
길 끝자락
분홍빛 무리들이 에워싼
눈부신 언덕

절망의 끝에서 만나는
아름다운 얼굴
어둡고 외로운 가슴 열어
바람처럼
한없이 걷고 싶었다

누런 수건

없어지지 않았다
처음 본 것은 봄이었다
생명의 숨소리 들려오는 숲
새움 터는 나뭇가지에
누런 수건이 걸려 있었다
태풍이 휩쓸던 뜨거운 여름 지나
햇살이 연인처럼
온 몸 적시는 가을이 된 지금도
떨어지는 잎을 보며
그렇게 달려 있었다

누군가
날 향해
지워지지 않는
깊은 상처를 준다면
어떻게
견뎌낼 수 있을까

함께한 간호사

어찌할 수 없는 아픔에
소리내어 울고 있었다
그치지 않는 울음소리가
하얀 벽을 물들이고 있었다

그때 나에게 다가오는
한 사람
어둠 속 벼랑 끝
홀로있는 나에게
따스함으로 안아주는 손
천상의 노래로
상처를 달래 주었다

제 2 부

간구

유방암 투병을 하며

두려움
—간구 · 1

알 수 없었다

나에게
그런 일이 생기리라곤
겨드랑이 밑으로 불거져나온
작은 그 무엇

검은 점
—간구 · 2

작은 점

시티 영상에 나타나
어둠으로 나를 몰아넣는
아득한 점

벼랑 끝에 서게 한다

절망
—간구 · 3

일주일 뒤에 오라는
의사의 말
저승사자보다
무서울 수가

가느다랗게
떨리고 있는
하얀 손

그의 입에서
나오는
판결문
유
방
암

나의 십자가
—간구 · 4

목에서 들어가는 관이
혈관으로 주사액을 삽입하는
관을 연결한다
목으로 날카로운 바늘이 꽂히자
아픔에 눈물이 났다
주인에 복종하는 노예

왜 나에게
이런 고통이
주님 십자가에 달리실 때
얼마나 힘드셨을까

하실수만 있다면
'이 잔을 거두어주소서' 라며
하늘 보며
고개 떨구었을

잠꾸러기
—간구 · 5

첫번째 항암을 위해
주사액을 연결한다
밀려오는 졸음에 코를 골며 잤다
옆 사람들은 시끄러워
잠들 수도 없었다

아무도 못 말리는
천하태평

백혈구 수치
—간구 · 6

항암 후
일주일 뒤 혈액검사를 한다
그때마다 떨어지는 백혈구 수치

안 떨어지는 사람도 있는데
삼박사일 아니면 사박오일
어떤 이는 일주일 뒤 수치가 오르는 수도 있다

그 시간들을 막연히 견뎌야하는
하얀 벽으로 이어지는 순간들

원하는 수치를 얻기 전날
온몸이 떨리기 시작하는
고통을 치르고야
받아내는
무서운 십자가

눈물 곁에서
—간구 · 7

새벽
눈을 비비는 병원
그 길 따라
이어지는 벚나무들 사이로
눈부신 꽃잎들
얼굴 내민다
링거 수액을
십자가처럼 끌며
봄처녀인 듯 설레는 걸음으로
한 발자국 내딛고 있었다

그때 날 멈추는 울음소리
이미 주검이 된 부모님일까
하얀 천으로 덮인 침대를
슬픔으로 밀고 있었다

꽃잎 되어 춤추던 어깨는

어느덧
서러운 눈물에
흠뻑 젖고 말았다

머리카락
—간구 · 8

믿을 수 없다
그토록 소중한 머리카락
자꾸만 흘러내린다

한 가닥씩 빠지더니
손만대면 자꾸 흘러내린다
머리를 감자
뭉텅이처럼 엉겨서 떨어지지 않는다
나를 공격하는 암덩이처럼

거울 앞에서 울음도 나지 않고
막연한 공포에
온몸이 떨린다

낯선 거울

—간구 · 9

어디에서 왔을까
낯선 얼굴

날 감싸던 사랑스런 머릿결
어디로 사라졌을까

꿈 많던 소녀
캠퍼스를 거닐던 여대생
아이들 어머니
두 며느리의 어머니로 지켜주던
고운 머릿결
어디에서 찾을까

스님처럼

—간구 · 10

결심한다
남아있는 머리카락 밀어버리기로
어디로 갈까 망설이다
남편이 가위로 자른다

떨고 있는 손으로
잘려나간 뒤
바라보는 거울

어디서 왔을까
속세를 떠난
여승의 얼굴

이쁜 옷을 입을 수도
머리를 들고
맘대로 걸어 다닐 수도 없다니

처절한 병상
—간구 · 11

햇살이 그를 비춘다
신선한 작은 공간
등나무 그늘아래
이따금 새들도 쉬어간다

정겨운 허공의 공원
하얀 천으로 덮은 채
알 수 없는 글자가 붙여져 있다
다가오는 죽음의 그림자 막기 위한 것일까

아직은 간절한 소원이
피처럼 맺혀있는
하늘아래 눕혀진
붉은 기도

구석에 누운 할머니
—간구 · 12

퉁퉁 부은 손
평생 일을 많이 하였을까
작은 손이 부어 비닐로 덮었다

살아온 시간 힘들었을 터인데
두 딸이 어머니의 손을 잡는다

그 손에 안겨진
또 다른 고통
어떻게
끌어안고
갈수 있을까

용감한 전사
—간구 · 13

검은 손톱
메니큐어도 아닌데
갈라진 논바닥처럼 손톱이 변해버렸다

시골에 산다는 그녀
순박한 모습으로
병을 이겨나간다
우스개소리로
주위를 밝게 하며

손톱이 검게 변하여도
웃음 띤 그녀
닮고 싶다

서영이
—간구 · 14

기쁨이 되어주던 생명
주님이
선물로 주신 아이

홀로 어둠 속에 있을 때
햇살처럼 따스함이 되어주던 아이

아픔에 물든 하얀 손잡으며
할머니 빨리 나으셔요
말하는 작은 천사

병원 복도를
웃으며
같이 걸어간다

언양 아줌마
—간구 · 15

미소가 이쁜 아줌마
석남사에서 수도하는 스님같은
단아한 모습

곁에 있는 나에게
병을 이길려면
무조건 잘 먹어야 한다며
자상하게 알려주는 마음

스님처럼 자비로운 얼굴로 웃어주며
나의 차디찬
손을 잡아준다

떨고 있는
—간구 · 16

쳐다보지 않는다
음식이 들어와도
먹을 생각이 없다
야월대로 야윈 얼굴

창백한 표정으로
벽을 바라보는
안타까운
눈
동
자

누워있는 오월
—간구 · 17

병상위에
오월의 눈물이 떨어진다

빈가지 위에 채워지는
푸른빛의 염원
미풍에 흩날리는 머리와
빛나는 미소가 사라진 창 너머
한 가닥 햇살이 스며든다

짙어가는 산골의 봄
저녁 안개속
누군가 건네주는
따스한 손잡으며 거닐던 강변
아득한 젊은 날

누워있는 어깨를
어루만진다

주님 옷자락
—간구 · 18

만날 수 없었다
회진하는 아침시간
얼굴을 볼 수 있는
주치의 선생님

보아야하는데
가버렸다
누군가의 도움으로
만날 수 있었던
나는

주님 옷자락 닿기가
이렇게 힘든가요
한 마디
그의 얼굴에 피어나는
미소 한 자락

이쁜 며느리

—간구 · 19

어떻게
나에게 왔을까

그 많은 사람들 중에
귀한 가족이
되어 주다니

볼수록 귀한
두 며느리
부족한 내가 어미로서
사랑을 베풀수 있을까

아픈 나에게
깊은 위로로 다가와주는
귀하디 귀한
아이들

함께하는 남편
—간구 · 20

아빠 같은 남자

아내라기보다 딸같이
모든걸 도와주는 고마운 사람
부족함을 따스함으로 감싸주는
다정한 마음
어떻게 해야 보답할 수 있을까

언젠가 나를 보기위하여
뒤돌아보다
넘어져 다리를 다치기도 했던
분에 넘치는 사랑
어떻게 갚으면 될까

닮고 싶은 손녀
—간구 · 21

머리가 조금씩 자라니
손녀가 신기해한다
할머니 머리처럼 되고싶다며
바라본다
나는 너처럼
긴머리가 되고픈데

방긋 웃으며
짧은 머리를 만진다

어린 환자
—간구 · 22

이십대 초반
도무지 음식을 먹지 못한다
그런데도 과자는 가끔씩 먹는
아이같은 어른

침대에 앉아 그림도 그리고
쫑긋 묶은 머리 귀엽기도 하다
이제는 온몸에 암이 퍼져
수술할 수도 없다는 아가씨

한참
젊음으로 세상을
그려나가야 할 나이
더 나아갈 수 없는 커다란 벽이
그녀의 도화지위에
그늘로 드리워진다

홀로 지키는 병실
—간구 · 23

구정
비어있는 병실

백혈구 수치가 떨어져
퇴원할 수 없다

창 밖으로 보는 하늘
깊은 외로움
온몸에 스며든다

두 번째 며느리를 맞이하는 첫 명절
정겹게 얼굴을 마주하는 대신
하얀 벽이 드리워진
쓸쓸한 그림자

안타까운 마음
서러움이 되어
서녘하늘 붉게 물들인다

작아지는 상처
—간구 · 24

다행이다
시간이 갈수록 작아지는
암 덩어리
애처로이 간구하는
기도소리를 들으심인가
내 눈물을 닦아주심일까

바늘이 꽂힐 때마다
주님 십자가를 그리며
고통을 참아낸 하루하루

상처 위에 새겨져
아픔을 견디게한다

우는 죄인
—간구 · 25

아무도 없다
홀로 남은 병실
백혈구 수치가 오르지 않아
퇴원할 수 없다
여러 날 주사기를 꽂은 혈관이 아프다

무슨 잘못을 그리 많이 저질렀단 말인가
이처럼 하얀 감옥에 갇혀
오갈수도 없는 죄인처럼
지내야 하는 것일까

자꾸만 흘러내리는 눈물
소리 내어 우는 울음이
서러움을 달래준다

작은 기적
—간구 · 26

잠이 오지 않는다
캄캄한 병실
모두가 자는데
자야 아침이 오는데
어두움을 어떻게 견뎌야할지
어서 잘 수 있게 해 달라고
기도했다

이상하게도
그리도 오지 않던 잠이
나에게로
친구처럼
손을 내밀었다

수치심
—간구 · 27

전과 다른 서영이
화장실 갈 때마다 같이 가자더니
이젠 오지마라 한다
두려움이 변하여
수치심으로 된 것일까
갈수록 하나씩 깨달아가는 세상

홀로 일어서는 일이
어두움 가운데서
걸어가야 하는 것이
얼마나 고통스러운지

언제쯤 알게 될까

주님 안에서
—간구 · 28

네 번의 항암 후
수술을 하게 되었다
암 부위가 보이지 않을 정도로
작아진 것에 놀라는
의사선생님
기도의 응답이라 하는 나를
가만히 본다

마취주사를 놓은 후
의식이 없어지며
여섯시간 만에 수술이 끝났다

그토록 기다려온 날
놀랍게도 가슴은 그대로였고
아픔은 견딜만하였다

가장 힘들 때

나를 감싸며
사랑으로 지켜주신
주님
애틋한 손길

외면
—간구 · 29

언제부터인가
거울 앞에 서면
고개를 돌리는 나를 본다
눈썹도 머리도 나지 않은 얼굴
낯설어 보기가 힘들다
무슨 죄가 그리 많아
이런 모습이 된건지

언젠가
예전의 모습으로
돌아올 날 기다리며
하루를 세어본다

다행
—간구 · 30

수술 후
두 번의 항암이 남았다
인제 고지가 얼마 남지 않은 것이다
얼른 날 누르는 동굴에서
벗어나고 싶다
다행이 항암은 빨리 끝나고
예전의 건강한 세상으로
달려갈 날도 얼마 남지 않았다

다시 긴 머리를 만지며
거울 앞에 선
또 다른 나를
만나고 싶다

순례자
—간구 · 31

빈 집
나 홀로 남았다
남편은 성지 순례를 위해
터키로 떠났다
여태까지 살아온 길
순례자의 길 아닐까

태어나
생명을 잉태하고
생의길 걸어가는 것
어둠과 빛의 길로 이어지는
알 수 없는 항로

어두운 골짜기에서
등불을 발견할 수 있는
귀한 순례자의 걸음으로
인도하소서

전도사님

—간구 · 32

어디에서 왔을까
날 위해 내미는 손
어두운 그림자에 둘러싸여
웃음을 잃은 가슴에
따스함을 전한다

깊은 외로움과 절망에 지친
손 잡으며
날 위해
눈물로 기도해주는
천사의 날개

병원에도 봄이
—간구 · 33

아픔을 깨우는
이른 새벽
추위를 견뎌온
벚나무 빈 가지
아련한 꽃
하나 둘 피어나더니
온 하늘을
분홍빛으로 물들였다

환자복을 죄수처럼 입은 나는
링거액을 꽂은 채
꽃길 따라 걷는다
봄처녀처럼
향기를
가득 안은 채

힘든 걸음

—간구 · 34

생명이 숨 쉬는 산

그 길로 접어드는 오솔길
푸르름이 지친 혈관 속으로 스며든다

흐느적거리는 다리
걸음마다 흔들려
숨이 가쁘다
그래도 걸어가다 보면
어느새 솟는 땀방울

신비로운 숲의 정령
녹색의 궁전으로
날 이끌며
달콤한 춤추게 한다

단 한 사람
—간구 · 35

병상을 밀어주는 여인
기브스를 한 다리로
누워있는 환자를 부축한다
답답한 병실을 나와
공원을 산책시키기도 하는
고마운 손

가장 어렵고 힘들어
아무도 없을 때
나의 곁에 있어주는
단 한사람 있다면
세상은 얼마나 따스해질까

내 아들
—간구 · 36

약간씩 다르지만
귀하고 사랑스런
두 아들

어미라는
이름을 선물해 준
바라볼수록 고마운
아이들

건강 할 때보다
더욱 사랑으로
다가오는 애틋한 얼굴

나의 몸을 찢어서
생명으로 태어난 꽃

아픔 중에도

아이들의 고통이
생기지 않기를 바람은
어미이기 때문일까

친구
—간구 · 37

외로울 때
친구가 있어 행복하다
고향의 언덕에서
손잡고 뛰놀던 정겨운 동무
나이든 지금
더욱 귀한 얼굴

아플 때나 슬플 때
손 내밀어
같이 하는 다정한 마음
걸어가는 길이
따스하다

기도하는 마음
—간구 · 38

밥을 잘 먹지 못하는
어린 환자
스무 살을 갓 넘겼을까
토하기도 하며 병과 싸워야하는
그녀를 바라보며
가까이 다가간다
온몸에 암이 퍼져
손 댈수 없는 지경에 있는
그녀의 손잡으며 기도한다

아직은 세상을 향해
꿈을 펼쳐
날아갈 나이인데
하얀 도화지위에 못 다한 꿈을
그리는 손가락 끝에
작은 새 한 마리
날아와 앉는다

유전
—간구 · 39

폐암으로
아버지를 일찍이 여윈 그녀
그에 대한 면역을 기르기 위해
열심히 살아왔다
다행이도 암은
크게 퍼지지 않아
항암은 하지 않아도 되는 줄 알았다
그러나 조직검사를 한 후
항암 치료를 받아야했다

대물림 받지 않으려
그리도 버텨보았는데
깊은 늪에 빠지는 그녀를 보며
허공을 향해
고개를 떨군다

길 위에서
—간구 · 40

어디서일까
소리가 들려온다

빈 오솔길
노인은 숲을 바라보며

"어서 나와 밥 먹어
 오늘 몸이 안좋아
 비가 오려나봐
 빨리 나와
 새끼랑 같이먹어"

라며 먹이를 내어준다

숨어있던 검은 고양이와 새끼
먹이를 먹는 모습을 보며
가슴이 저려왔다

노인의 외로움이
나에게 전해져
아직 한 번도 소리 내어
정겨운 말 한마디
건네 본 적 없는
나를 본다

그리운 아이스크림

—간구 · 41

달콤하고 부드러운
혀에서 사르르 녹는
여러 가지 맛
무지개빛 색깔
딸기향 체리향
꿈을 꾸게 하는 황홀한 맛

초원을 거닐며
다정한 이와 나눠먹던
맛볼수록
자꾸만 생각나는
감미로운 아이스크림

이젠
아스라한 추억으로
간직해야만 하나
언제나 그리운
달콤했던 발자국

기다림에 지쳐
—간구 · 42

일 년 만일까
서영이 집으로 늦게 도착하니
몸이 안 좋았다
아침에는 괜찮았던 아이
왜 아프게 되었을까

놀아주고
동화책도 읽어주니
아이의 몸이
좋아졌다

보고픈 마음이
병이된 서영이
보고 또 보아도
보
고
싶
다

가을 그림자
—간구 · 43

그대
고운 손
가을을 물들이며

걸어온 걸음마다
추억의 꽃
피어나고

외로움 물드는 어깨
낙엽 되어
떨어진다

모퉁이에서 피어난 꽃
—간구 · 44

신기하다

사람이 병들고
죽어나가는 모퉁이
허공에 만들어진 빈 터에서
작은 꽃이
하얀 별처럼
송이송이 맺혀 있다
꺼져가는 생명의 불씨를 위해
선물처럼 피어난
고마운 꽃

지금은
상처이지만
언젠가 너처럼
눈부신 생명으로
다시 태어나리라

다시 만나다
—간구 · 45

서른이나 되었을까
처음 항암할 때 만났던 아가씨
복도에서 마주쳤다
치료가 끝났다고 좋아하더니
어찌된 일일까
혹시 재발한 걸까

그랬다
다시 눈앞에 선
그녀를 보며
알 수 없는 두려움에
떨고있는 나를 본다

산장의 여인
—간구 · 46

걸려온 전화
오랜 병원생활로
모임에 갈수 없었다 하니
놀라고 당황스러워 한다
나으면 뵙겠다는 인사를 하며
전화기를 내려놓는 어깨
축 늘어진다

날 찾는 이 하나 없는
산장의 여인
세상의 뒤안에서
홀로 병과 싸워야하는
쓸쓸한 그림자

그 막막한 땅 위에 선
날 보며
위로의 손 내민다

홀로 남겨진 길
—간구 · 47

혼자
그네를 탄다

마지막 순간
낙엽이
가벼운 몸을 누인 긴 의자
할아버지를 바라본다

바람은 차가운데
흔들리는 줄 잡으며
힘없는 다리를 밀어본다

이십년 전 아내를
유방암으로 보낸 후
홀로 걸어가는 가을

다시 하나 둘

떨어지는 갈색 잎
어깨 위에
꽃잎처럼
수를 놓는다

좋은 맘
—간구 · 48

의류 매장
맵시 있게 차려입은
세련된 몸매
알고 보니
오래전 암을 앓은 여인
육개월을 넘기지 못한다 했다

어떻게 살아났을까
중요한 것은 마음

어떠한 순간에도
나을 수 있다는 좋은 믿음

그것이면 된다며
환히 웃었다

먼저 걸어 간

—간구 · 49

몰랐다
그녀가 유방암으로
힘들어 한 것을
언제 나처럼 기막힌 일을
겪어야 했는지
전혀 몰랐다
남의 일이라 그랬을까

지금은
행복한 얼굴로
교회 뜨락을 밟으며
성가대에서
주님께 목소리를 드리고
있지 않은가

그녀의 아픈 목소리를
듣지 못했던

나의 무관심에
고개를 떨군다

숲이 무릎에게
—간구 · 50

숨이 가빠지며
무릎이 떨려왔다
한 걸음
또 한 걸음
아기처럼 천천히
앞으로 나아갔다

푸른 숲은 날 바라보며
조금만 더 힘을 내라며
손을 잡아주었다

이제 얼마 남지 않았다고
서럽고 외로운 날들은
멀리 갈 거라고
자꾸만 나를
그 따뜻한 가슴으로
안아주고 있지 않은가

고마운 초대
—간구 · 51

미술관으로 초대 받은 날
나에게
따끈한 국수와
감미로운 커피까지 맛보게 했다

이우환 작가
그는 돌을 소재로
작품을 만들었다
돌이 있는 공간에 그림자도 곁들인

무한한 침묵
돌과 돌 사이
애타는 그리움이
그늘을 만드는 걸까

그림자를 안고
돌처럼
소박한 미소를 품어본다

부활절 아침

—간구 · 52

일곱 살 어린소녀
왜 저 집은 다를까
누가 살까

구름과 어깨동무한 십자가
항상 나를 보고 있었다
그 아래 다정하게
손 내밀어 주시는
예수님

별이 가득한 밤
어둠이 두렵지 않은 나는
뛰어다니며 마냥 행복했다

어느날 굳게 닫힌 빨간 대문이 활짝 열리자
살며시 작은 문을 엿보았다
부활절이었을까

흰옷 입은 사람들 사이로
십자가를 들고
거룩한 빛 가운데로 걸어가는 신부님

그때부터
십자가가 내 가슴에 새겨져
지워지지 않았다

주님 주신 십자가
사랑할 수 있게
상처 가득한 무릎으로

딸 옆에서
—간구 · 53

젖가슴이 아픈 딸
암은 아니어도
치료를 받아야하는 젊은 아가씨
여러 시간 머물며
곁에서 간호를 한다

입에 맞는 반찬으로
애쓰는 어머니
주위 사람들에게 딸을 부탁하며
돌아가는 그녀의 야윈 어깨

애틋한 사랑으로
어둔 그림자를 안고 돌아가는
지친 등을 본다

멀리서 들려오는 비명소리
—간구 · 54

프랑스 파리
IS의 테러로
생명을 잃은 수많은 사람들

힘든 치료를 받아내며
견뎌야하는 나
그들 앞에
고개 숙인다

13일의 금요일
죽음도 두려워하지 않는
악의 무리들일까

피가 피를 부르는
어두움의 후예들
더 이상 억울한 피 흘림이 없기를
멀리서 기도한다

친한 사이
—간구 · 55

어디 갔어
빨리 나와
고양이가 보이지 않자
할아버진 큰 소리로 오솔길에서 소리친다
그러자 어디선가
눈을 깜박이며 나타난다
꼬맹이는 어디 있어
꼬맹이 데리고 와 하며
먹이를 내어놓는다
이름 없는 고양이를
자식처럼 챙기는 할아버지

낙엽이 떨어져
쓸쓸한 오솔길
따스해진다

가을 닮은 남자
—간구 · 56

잘 생긴 얼굴
조용한 말씨
술로서 아픔을 달래는 그는
다리가 불편하다

오랜 시간
홀로 걸어왔다

떨어진 낙엽처럼
외로운 어깨에 내려앉은 그늘

걸어온 길보다
걸어가야 할 길이
얼마남지 않은듯한 입가에
가을 닮은 미소가
번진다

MRI 망치소리

—간구 · 57

둥 둥 둥
누워있는 나를
억누르며
자꾸만 들려온다
나의 모든 죄를 고백하라
명령하는 저승사자
무서운 고함소리

채찍으로 날 후려치는
어두컴컴한 동굴에서
날 구해줄
누구
없을까

서늘한 관
—간구 · 58

PET 검사

추웠다
방사선 동위원소와 자기장이
온몸을 투시하였다
관에 누우면
이리도 싸늘해질까

아직은 체온이 따스한데
언젠가 차가운 몸으로
변해갈 나

날 위해 마련한
작은 공간속에서
걸어온 나의 길
되돌아본다

흔들릴 수 있어
—간구 · 59

바라볼 수 있어 좋아라
눈길 가는 곳마다
새로워서 좋아라

다시 생명을 얻은 것처럼
더욱 더 귀하다

예전에는 그냥 그대로
지나쳐 버렸는데
이제는 하나하나
귀하지 않은가

무심코 피어난
이름없는 풀꽃조차
얼마나 사랑스러운가

바람에 흔들릴 수 있다는 것이

누워서 보는

—간구 · 60

얼마 남지 않은 나뭇잎이
나를 내려다본다
오랜 아픔을 견뎌온 나를 보며
나무는 무슨 말을 건네고 싶은 걸까

온몸을 푸르게 감싸주던 잎들이
제 몸을 붉게 물들이고
떠나버린 겨울
그 차가운 땅에서
하늘을 바라보아야 하는 걸까

서러운 하늘아래
홀로 선 나무
외로운 가슴 안아주고 싶다

미국에서 온 전화

—간구 · 61

머나 먼 나라 미국
나를 향해 걸려온 전화
오래전 귀한 인연으로
지금까지 이어져왔다

안부를 물으며
어머니처럼 걱정해주는
다정한 마음

봄이면 온 마을이 사과꽃으로
여름엔 나이아가라 폭포
동화속 그림처럼 고운 가을
은빛 눈송이들이 이른 아침을 여는 겨울
어찌 잊을 수 있을까

멀리서 들려오는 목소리
가슴이 젖는다

백병원 김태현
—간구 · 62

어디에서 왔을까
유방윗과 천사

두려움의 한가운데 있는
나에게
한없는 미소로
다가오는 따스한 손

떨리는 손으로
깊은 상처를 감싸 안으며
눈물을 닦아 준다

한 때
아픔을 안고
힘든 길 걸어왔던 그는
신의 사랑으로
푸른 하늘을 안겨주는
하얀 천사

어눌한 친구
—간구 · 63

걸을 때마다
조금씩 흔들리는 어깨
인형처럼 안타까운 몸짓

파킨슨 병을 알고
심한 우울증을 앓은 그는
잃었던 웃음을 찾기 위해
봄이 선물처럼 오고있는 숲을 향해
고개를 든다

어차피 그에게 손 내미는 파킨슨
날마다 함께 일어나며
애처로운 눈동자를 바라보며
미소 지을 수 있는
외로운 길 위의 마지막 동반자

붙잡고 싶은
—간구 · 64

자꾸만 우는 여인
홀로 아들을 키워오며
열심히 살아온 날들
아들 결혼 후
혈액암으로 누워 있다
다가오는 외로움이 무서웠을까

떠나보내지 못한 마음
병이 되었을까
어차피 홀로 가야할 길이라면
당당하게 걸어가라고
빈 가슴
안아주고 싶다

곁에 계시는
—간구 · 65

어디서일까
의식이 없는 나에게
희미한 음성

오랜 시간의 수술
들려오는
기도 소리

나의 모든 것
생명과 죽음을 주시는

살아서도
죽어서도
매 순간 이끌어 주시는
오직 한 분
사랑의 하나님

발문

믿음과 화해의 투병기

강 영 환 (시인)

발문

믿음과 화해의 투병기

강 영 환 (시인)

인간의 육체적 활동이 곧 언어로 화한다는 이론을 펼치고 있는 파겟은 〈제스츄어 언어론〉을 내세운다. 그에 의하면 사람이 무엇인가를 손으로 잡을 때는 혀, 목구멍의 근육조직은 그의 잡는 행위를 반영한다고 본다. 이때 입에서 나오는 한마디, 잡는 자세에 〈소리〉를 줄 때 우리는 그 소리를 언어로 수용한다는 것이다. 어떠한 행위를 할 때에도 그것을 표현하고자하는 입의 근육에 의해 이미 상징은 이루어진다는 것이다.

여기에서 버크는 시인이 시를 쓰는 행위에 이 이론을 접목시킨다. 다시 말하면 시인은 그를 깊이 괴롭히는 세계 곧 '부담 burden'에 대해서 쓸 수밖에 없다는 것이다. 이 부담은 질병 같은 육체적 본질을 내포하며 재산을 모아 빚을 갚듯이 이 부담의 축적과 그 축적에 대한 통찰을 기초로 생에 대하여 승리하고자 한다. 곧 시인은 자기의 약점 속에 귀속적 이점을 갖게 됨으로써 승리한다는 것이 버크의 생각이다. 따라서 이러한 약점들, 고통들이 시인의 문체를 태어나게 하고 그 문체는 또한 시인의 육체적 질병과 은밀히 연관된다는 것이다. 모든 상징적 행위의 주제는 이러한 부담, 육체적 질병을 지향하는 것이다. 곧 '부담'은 문체를 상징하고 문체는 부담을 상징하는 것이다.

해연 시인의 이번 작품집은 이런 부담에 관한 극복을 담은 투병기이며 이웃들에게 암을 극복하고 새로운 생명에의 부활을 전하는 메시지이다.

지난해 겨울 해연 시인으로부터 한 통 전화를 받았다. 유방암 진단을 받았다는 것이다. 그러나 이내 목소리가 밝아졌다.

"내가 이 병을 앓게 되는 것도 하느님 뜻이라고 받아들입니다. 암으로 고통 받는 사람들을 위해 시를 쓰라는 명령으로 알고 투병 생활을 하면서 이들이 겪어야하는 고통을 나누고 함께하는 마음을 시로 풀어내고 싶습니다."

지난 시집에서 아기에 대한 예찬 시집 『꽃으로 온

아가』를 상재했는데 거기에서 어떤 주제로 연작시를 쓰는 일이 그리 어렵게 받아들여지지는 않았다며 투병 시를 써서 고통 받는 이웃들에게 편안을 전해 주어야겠다는 사명감에서인지 약간은 들떠 있기도 했다.

그런 뒤 일 년이 지난 뒤에 부제를 '간구'라고 붙인 암투병 연작시 65편을 들고 왔다. 암에 걸려 고통 속에서 나날을 보내는 이들에게 용기를 북돋아 주고 희망을 전도하는 시를 엮어내는 일을 약속대로 만들어 낸 것이다. 놀랍기도 하고 대견스럽기도 했다.

언제부터인가
거울 앞에 서면
고개를 돌리는 나를 본다
눈썹도 머리도 나지 않은 얼굴
낯설어 보기가 힘들다
무슨 죄가 그리 많아
이런 모습이 된건지

「외면—간구 · 29」 전문

이 시집은 암 발병에서부터 치료과정을 거쳐 완치

에 이르기까지 1년여 년에 걸친 투병생활에 대한 서사구조를 지닌 연작 시집이다. 이들 투병 시는 병상에서 느끼는 암에 대한 두려움을 독실한 신앙을 통해 극복해 내는 과정에서 남편과 이웃들, 교우들, 친구들, 가족들의 적극적인 격려와 용기를 북돋아 준 감사와 신뢰를 담아내고 있다. 암과의 치열한 싸움에서 이기고 나을 수 있다는 믿음과 함께 자신이 믿는 종교에 대한 강한 신념이 암을 극복할 수 있는 힘이 되었음을 동병상련하는 환우와 가족들에게 알려주고 싶은 소망이 담긴 시집이다. 유방암은 그녀에게 부담이 되었고 시인은 이를 떨쳐내기 위한 안밖으로 투쟁을 해왔던 것이다. 병마와의 투쟁과 이를 시로 형상화 시켜야 된다는 사명감이 이루어낸 결과물이 아닐 수 없다.

그녀는 부담을 떨쳐내기 위하여 아름다운 생각과 긍정적인 태도를 선택한다. '아름다운 걸음', '고마운 손', '빛으로 남아', '한 걸음 내딛으며', '푸른 기도', '춤추는 피' 등 이 시집의 1부를 구성하는 시들에서도 그녀의 언어는 긍정의 힘으로 가득 차 있다. 시의 언어는 바로 시인의 분노, 고뇌, 기쁨이 그대로 배어있는 세계여야 한다. 그 세계에는 영혼이 깃들어 있어야 시 스스로 걸어 다닐 수 있게 된다. 그리하여

창조된 사물은 무엇인가를 말하고 있다. 그것은 유기체화한 감동, 감정의 미분화상태에서의 엉김, 생생하게 현전하는 '사상' 등이 한꺼번에 전달되는 희열을 느낄 수 있는 언어여야 한다. 그녀의 언어가 따뜻하고 사랑의 힘을 지닌 언어인 까닭은 세상을 대하는 태도에 있다고 본다. 항시 고마움을 가지며 감사하는 마음으로 하나님을 대하는 태도가 바로 긍정의 언어, 따뜻한 사랑이 내재한 화법을 구사하고 있는 이유라고 본다.

알 수 없었다

나에게
그런 일이 생기리라곤
겨드랑이 밑으로 불거져나온
작은 그 무엇

「두려움-간구 · 1」 전문

시인 자신이 맨 처음 유방암 진단을 받았을 때를 그려내고 있다. 여기에는 어떤 절망적 생각도 없다. 담담하게 받아들이는 태도이다. 암은 누구에게 발병하

리라는 예고도 없이 찾아온다. 암은 그저 죽음에 이르는 병이라고 생각해 왔고 치료하는데 엄청난 힘이 들어야 함도 알고 있다. 그런 병이 자신에게 닥쳐왔다는 사실을 해연 시인도 믿기지 않았다. 그저 겨드랑이 밑으로 불거져 나온 작은 그 무엇으로 감지되고 인지되는 암 덩어리인 것이다. 이렇게 암을 받아들인 뒤 항암 치료를 통해 자신이 암과 투쟁하는 시간들을 보내게 되었다. 그녀에게도 두려움이 없었을까. 그럴 리는 없다. 그래도 암 덩어리가 몸속에 자라고 있다는데 앞으로 그 암 덩어리와 맞서 싸워야 하는 긴 고통의 순간이 기다리는데 두려움이 없었다면 말이 안 된다. 그러나 그녀는 두려움을 가져다주는 어둠, 암덩어리와 벼랑 끝에서 결연하게 마주 한다.

작은 점

시티 영상에 나타나
어둠으로 나를 몰아넣는
아득한 점

벼랑 끝에 서게 한다

「작은 점-간구 · 2」 전문

항암치료를 할 때 찾아오는 고통을 십자가에 못이 박혀 매달리신 예수 그리스도의 고통과 연결시키면서 주 예수께서도 그런 생각을 하시지 않았을까하며 자신의 고통과 비교하기도 한다. 작은 혹으로 만져지는 그 점이 시인을 어둠으로 몰아넣는다. 그리고 그 어둠과 맞서기 위해 벼랑 끝에 선다. 이겨내기 위해서 길고 긴 고통을 수반하는 항암치료를 시작한다. 고통이 시작되는 순간이다. 그러나 그녀는 혼자가 아님을 드러낸다. 그의 배경에는 그가 믿고 의지하는 주님이 계시기 때문이다. 그의 투병에 주님을 불러 모신다. 은근하게 주님에게 기대는 모습이 십자가에 못 박히던 주님의 모습으로 아픔을 의탁하는 간절함으로 '주인에게 복종하는 노예'를 바친다.

목에서 들어가는 관이
혈관으로 주사액을 삽입하는
관을 연결한다
목으로 날카로운 바늘이 꽂히자
아픔에 눈물이 났다
주인에 복종하는 노예

왜 나에게
이런 고통이
주님 십자가에 달리실 때
얼마나 힘드셨을까

하실 수만 있다면
이 잔을 거두어주소서 라며
하늘 보며
고개 떨구었을

「나의 십자가—간구 · 4」 전문

어둠인 병마와 싸워서 이길 수 있었던 것은 바로 믿음이었다. 그 믿음으로 인해 밝고 따뜻한 마음을 가질 수 있었고 나의 주 예수의 보호 아래 험난한 항암치료를 견뎌낼 수 있었던 것이다.

작품을 이해하는 열쇠는 거기에 씌여진 언어에 의해서 이루어진다고 볼 때 시에 사용되고 있는 언어는 일상생활에서 즐겨 사용하는 언어이든, 일상과 거리가 있는 언어이든 즉 시인이 취사 선별한 언어를 쓰고 있는가를 주의 깊게 살펴 볼 일이다. 이 말은 시인이 대상으로 삼고 있는 이미지가 바로 시인 자신의 내부와 연결된 세계를 주관적으로 그려내고 있는가 아니면 현실세계와 밀접한 연관을 가지고 자신의 의미망을 구축해 나가고 있는가 판단이 가능하기 때문이다.

항암 후
일주일 뒤 혈액검사를 한다
그때마다 떨어지는 백혈구 수치

안 떨어지는 사람도 있는데
삼박사일 아니면 사박오일
어떤 이는 일주일 뒤 수치가 오르는 수도 있다

그 시간들을 막연히 견뎌야하는
하얀 벽으로 이어지는 순간들
원하는 수치를 얻기 전날
온몸이 떨리기 시작하는
고통을 치르고야
받아내는
무서운 십자가

「백혈구 수치—간구 · 6」 전문

네 번의 항암치료 후 여섯 시간에 걸친 수술과 투병은 혼자하는 것이 아님을 잘 알고 있는 그녀는 가장 지근거리에서 모든 불편을 감수하고 병간호를 해주었던 부군에 대한 감사와 사랑을 따뜻한 시로 그려내고 있다. 이어 함께 기도를 해 준 목사, 전도사님과 교우들, 아들, 며느리, 친구, 간호사, 의사 김태환, 그리고 투병 생할에 가장 큰 위안을 가져다 준 손녀 서영이에게도 아름답고 따뜻한 정감을 담은 시편들을 선물해 준다. 시인이 해 줄 수 있는 최상의 선물이리라.

아빠 같은 남자

아내라기보다 딸같이
모든 걸 도와주는 고마운 사람
부족함을 따스함으로 감싸주는
다정한 마음
어떻게 해야 보답할 수 있을까

언젠가 나를 보기위하여
뒤돌아보다
넘어져 다리를 다치기도 했던

분에 넘치는 사랑
어떻게 갚으면 될까

「함께하는 남편—간구 · 20」 전문

아플 때는 가장 가까이 있는 사람이 환자만큼 고통스러운 법이다. 어쩌면 환자보다 더한 고통을 감내해야 할 것이다. 환자는 병마와 싸우면 되지만 곁에서 지켜보는 이는 환자의 고통뿐만 아니라 자신에게 주어진 힘 든 생활을 극복해야만 한다. 간병의 한 가운데 그녀의 '아빠같은 남자'가 있었다.

암 부위가 보이지 않을 정도로
작아진 것에 놀라는
의사 선생님
기도의 응답이라 하는 나를
가만히 본다

「주님 안에서-간구 28」 전문

해연 시인은 암 진단을 받았을 때부터 자신은 하나님의 힘을 입어 병마와 싸워 이길 것이라고 자신있게 말했고, 투병 생활 중에도 기도하며 그 힘을 믿고 의지해 왔다. 그것은 위 시에서 확연하게 드러난다. 병세가 호전되는 것은 오로지 기도 덕분이라고 하는 데에는 치료해 준 의사가 보이는 반응도 놓치지 않는 태도도 보이고 있다. 믿음이 곧 치유가 될 수 있는 의지를 제공해 준다는 신념을 버리지 않고 있다. 그의 병세가 호전된 것은 믿음이 가져 온 결과였다고 확신하며 시를 통해 이를 간증하고 있다.

그녀는 투병 생활 중에도 같은 병실에서 함께 투병하는 환우들에게 희망과 용기를 심어 주는 전도사 역할을 그치지 않았다. 함께 투병생활을 하면서 만난 환우들의 안타까운 사연을 접하면서 그들을 위한 기도도 아끼지 않는 따뜻함이 묻어난다. 이런 모습들은 여러 시편들에 나타난다. 그의 믿음을 전파하고 확신에 찬 회복을 기원한다.

폐암으로
아버지를 일찍이 여읜 그녀
그에 대한 면역을 기르기 위해
열심히 살아왔다
다행이도 암은
크게 퍼지지 않아

항암은 하지 않아도 되는 줄 알았다
그러나 조직검사를 한 후
항암 치료를 받아야했다

대물림 받지 않으려
그리도 버텨보았는데
깊은 늪에 빠지는 그녀를 보며
허공을 향해
고개를 떨군다

「유전—간구 · 39」 전문

폐암으로 아버지를 떠나보낸 딸이 병을 유전 받지 않기 위해 무던히도 노력했지만 결국 그 노력에도 불구하고 암은 찾아 왔고 고통스런 항암치료를 할 지경에 이르게 된 아가씨를 안타까워 하며 자신의 투병도 잊고 그녀의 처지를 안타까워 하는 마음이 솔직한 표현으로 그려져 있다.

시인의 언어는 우리 현실과는 일정한 거리를 가지고 있다. 시어가 꼭 현실과 밀착되어 있어야 한다는 것은 아니나 시의 출발을 현실세계에서 잡고 있느냐 그렇지 않고 정신의 영역에서 출발하고 있느냐의 관건이 드러나기 때문이다. 해연의 시는 현실의 영역과 정신의 영역에서 출발한다. 투병하는 자신은 현실의 영역에 있고 믿음으로 치유하려는 의지는 내면을 지배하는 영역에 속한다. 믿음으로 펼쳐내는 사유는 깊은 은유나 뒤틀림 없이 정직하다. 그러기에 그녀의 시는 작은 세계를 보이고 있지만 힘이 있다. 솔직한 언어가 주는 믿음이 시를 진정성 있게 읽히게 하는 힘이다.

어디서일까
의식이 없는 나에게
희미한 음성

오랜 시간의 수술
들려오는
기도 소리

나의 모든 것
생명과 죽음을 주시는

살아서도
죽어서도

매 순간 이끌어 주시는
오직 한 분
사랑의 하나님

「곁에 계시는—간구 · 65」 전문

기도의 힘으로 그녀의 삶에 갑자기 드리워진 부담을 극복해 내고 많은 환우들에게 힘과 용기를 줄 수 있는 시편들을 쓸 수 있는 의지력이 대단함을 느낀다. 기도로 쓴 시여서 그녀가 믿는 주님과 더불어 암으로부터 이기고 돌아 온 해연 시인에게 시와 주님은 앞으로 그녀의 삶에 더 진솔성 있고 폭넓은 세계를 구축해 나갈 수 있는 의지처라 믿는다. 암을 극복하고 다섯 번째 시집 상재한 일을 축하드린다.